Impressum
Verlag: BABADADA GmbH, Nedderfeld 112 , 22529 Hamburg
Geschäftsführer / Verlagsleitung: Harald Hof
Druck: Books on Demand GmbH, In de Tarpen 42, 22848 Norderstedt

Imprint
Publisher: BABADADA GmbH, Nedderfeld 112 , 22529 Hamburg, Germany
Managing Director / Publishing direction: Harald Hof
Print: Books on Demand GmbH, In de Tarpen 42, 22848 Norderstedt

ቤት-ትምህርቲ

okul

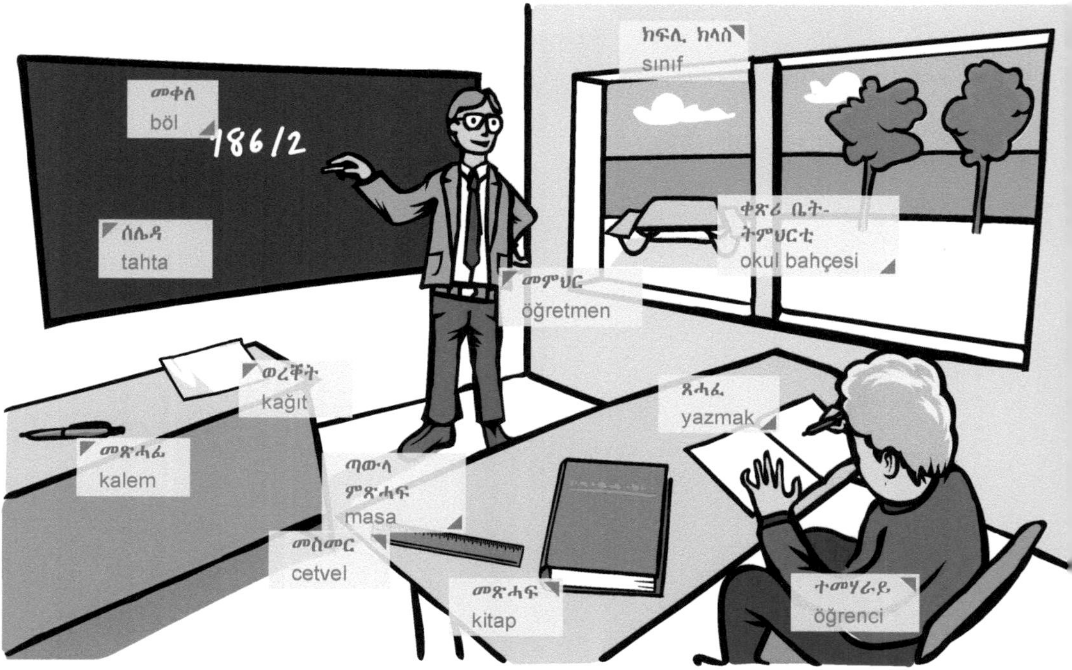

ክፍሊ ክላስ
sınıf
መቀለ
böl
186/2
ሰሌዳ
tahta
ቀጽሪ ቤት-ትምህርቲ
okul bahçesi
መምህር
öğretmen
ወረቐት
kağıt
ጸሓፈ
yazmak
መጽሓፊ
kalem
ጣውላ ምጽሓፍ
masa
መስመር
cetvel
መጽሓፍ
kitap
ተመሃራይ
öğrenci

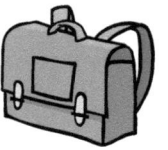

ሳንጣ ትምህርቲ

okul çantası

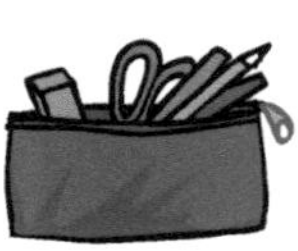

ሰፈር ብርዒ

kalemlik

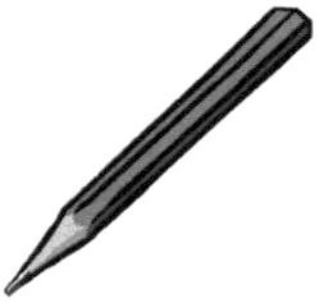

ርሳስ

kurşun kalem

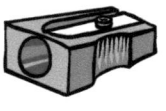

መብልሒ ርሳስ

kalem açacağı

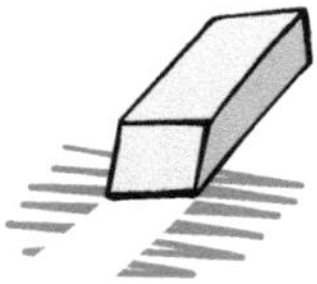

መደምሰሲ

silgi

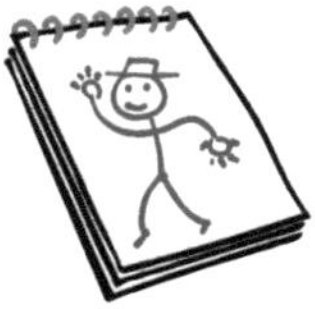

ጥራዝ ስእሊ

çizim defteri

ስእሊ

çizim

ብርዒ ቀለም

resim fırçası

ቦክስ ቀለም

boya kutusu

መቒስ

makas

መጣበቒ

tutkal

ጥራዝ መላመዲ

alıştırma kitabı

ዕዮ ገዛ

ödev

ቁጽሪ

sayı

ወሰኽ

ekle

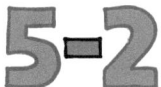

ጎደለ

çıkar

ረብሓ

çarp

ደመረ

hesapla

ፊደል

harf

ስርዓት ፊደላት

alfabe

ቃል

kelime

ጽሑፍ

metin

አንበበ

okumak

ኩርሽ

tebeşir

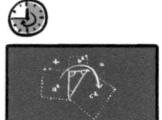

ሰዓት

ders

መዝገብ ክላስ

kayıt

መርመራ

sınav

ሰርቲፊኬት

sertifika

ድቢዛ ቤትትምህርቲ

okul forması

ትምህርቲ

eğitim

ለክሲኮን

ansiklopedi

ዩኒቨርሲቲ

üniversite

ሚክሮስኮፕ

mikroskop

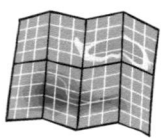

ካርታ

harita

ጎሓፍ ወረቐት

kağıt çöp kutusu

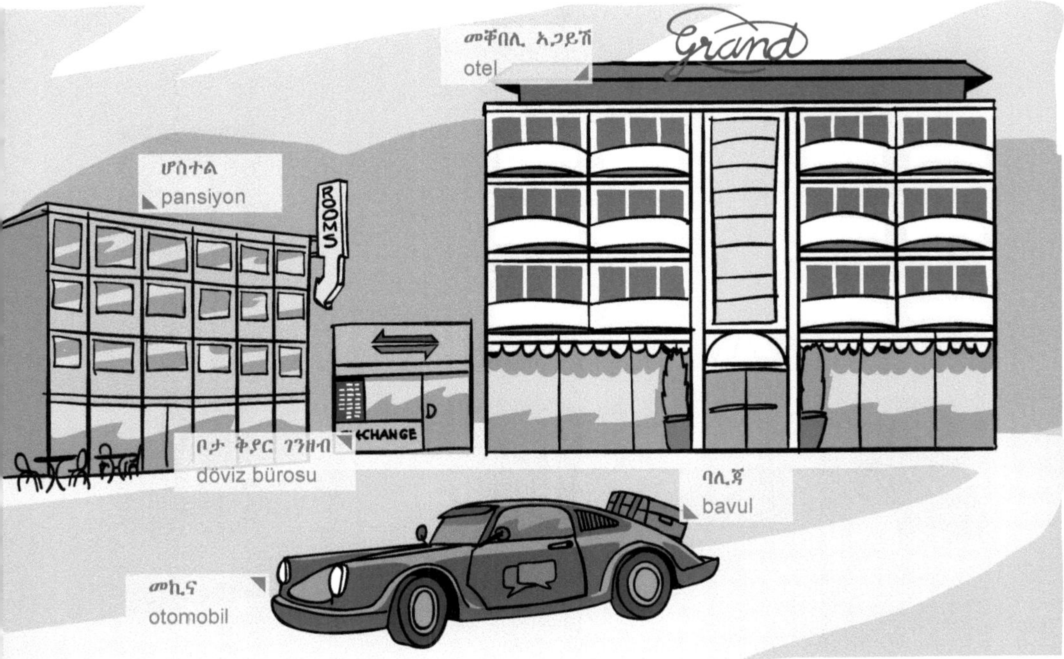

መቐበሊ ኣጋይሽ
otel
Grand
ሆስተል
pansiyon
ROOMS
ቦታ ቅያር ገንዘብ
döviz bürosu
CHANGE
ባሊጃ
bavul
መኪና
otomobil

ቋንቋ
dil

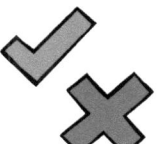

እወ / ኖ
evet / hayır

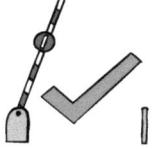

ሕራይ
Tamam

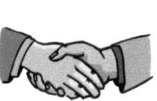

ሰላም
merhaba

ኣስተርጓሚ
çevirmen

የቐንየለይ
Teşekkür ederim

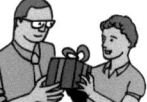

. . . ክንደይ ዋግኡ?

bu ... ne kadar?

አይተረድኣኹን

anlamadım

ሽግር

problem

ሰላም ምሸት!

İyi akşamlar!

ከመይ ሓዲርካ

Günaydın!

ሰላም ለይቲ

İyi geceler!

ደሓን ኩን

güle güle

ኣንፈት

yön

ጉዓዝ

bagaj

ሳንጣ

çanta

ሳንጣ ሕቖ

sırt çantası

ጋሻ

misafir

ክፍሊ

oda

ክሻ መደቐሲ

uyku tulumu

ቴንዳ

çadır

ሓበሬታ በጻሕቲ ሃገር

turist danışma

ገምገም ባሕሪ

sahil

ክሬዲት ካርድ

kredi kartı

ቁርሲ

kahvaltı

ምሳሕ

öğle yemeği

ድራር

akşam yemeği

ቲከት

Bilet

ሊፍት

asansör

ማሕተም ደብዳበ

pul

ዶብ

sınır

ድንና

gümrük

ኤምባሲ

elçilik

ቪዛ

vize

ፓስፖርት

pasaport

መጓዓዝያ

ulaşım

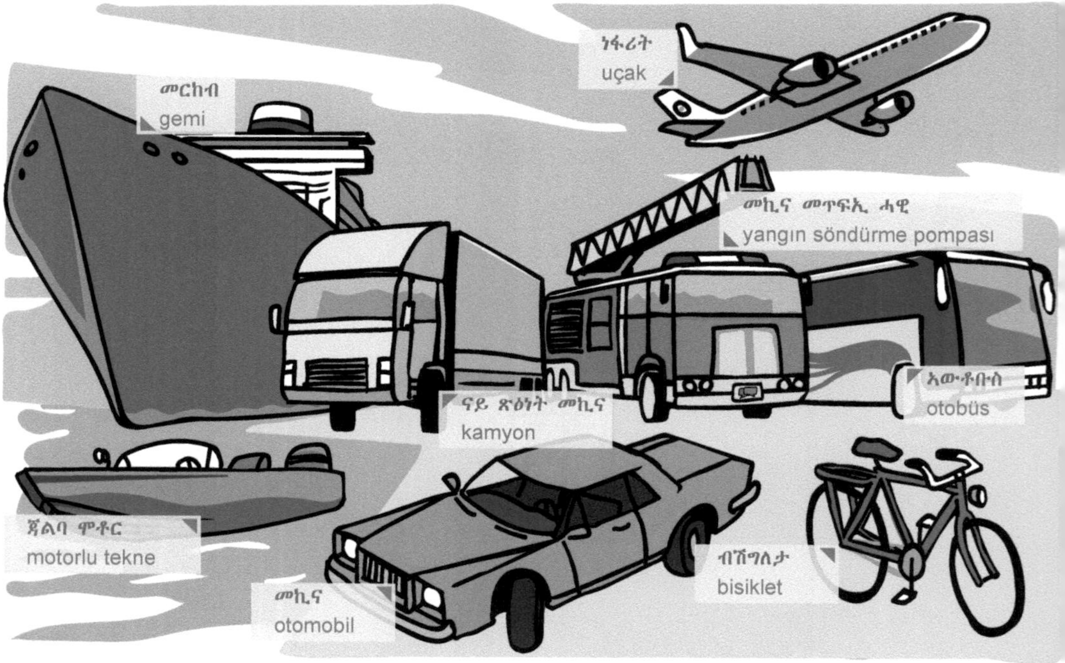

ነፋሪት
uçak
መርከብ
gemi
መኪና መጥፋኢ ሓዊ
yangın söndürme pompası
አውቶቡስ
otobüs
ናይ ጽዕነት መኪና
kamyon
ጀልባ ሞቶር
motorlu tekne
ብሽግለታ
bisiklet
መኪና
otomobil

ፈሪ

feribot

ጀልባ

bot

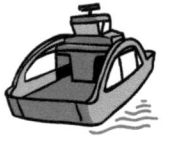

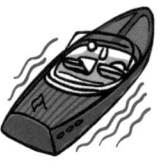

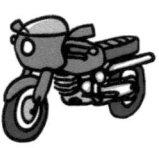

ሞቶ

motosiklet

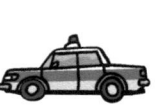

መኪና ፖሊስ

polis arabası

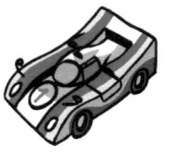

መኪና ቅድድም

yarış arabası

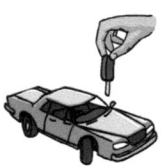

ክራይ መኪና

kiralık araba

ምውፋይ መካይን

ortak araba

መወሰዲ መኪና

çekici

መኪና ጎሓፍ

çöp kamyonu

ሞቶC

motor

ነዳዲ

yakıt

እንዳ ነዳዲ

benzinlik

ምልክት ትራፊክ

trafik işareti

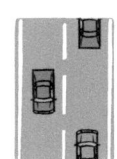

ትራፊክ

trafik

ምጽቕጻቕ ትራፊክ

trafik sıkışıklığı

መዕሸጊ መኪና

otopark

መዕረፊ ባቡር

tren istasyonu

ሓዲግ

ray

ባቡC

tren

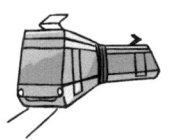

ትረም

tramvay

ባጎኒ

vagon

ሄሊኮፕተር
helikopter

መዓረፍ ነፈርቲ
havaalanı

ታወር
kule

ተጓዓዚ
yolcu

ኮንተይነር
konteyner

ሳንዱቕ ካርቶን
koli

ኮርሳ ጽዕነት
yük arabası

ዘንቢል
sepet

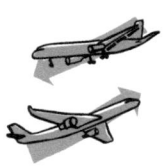

ተበገሰ / ዓለበ
kalkış / iniş

ቀሽት
köy

ማእከል ከተማ
şehir merkezi

ገዛ
ev

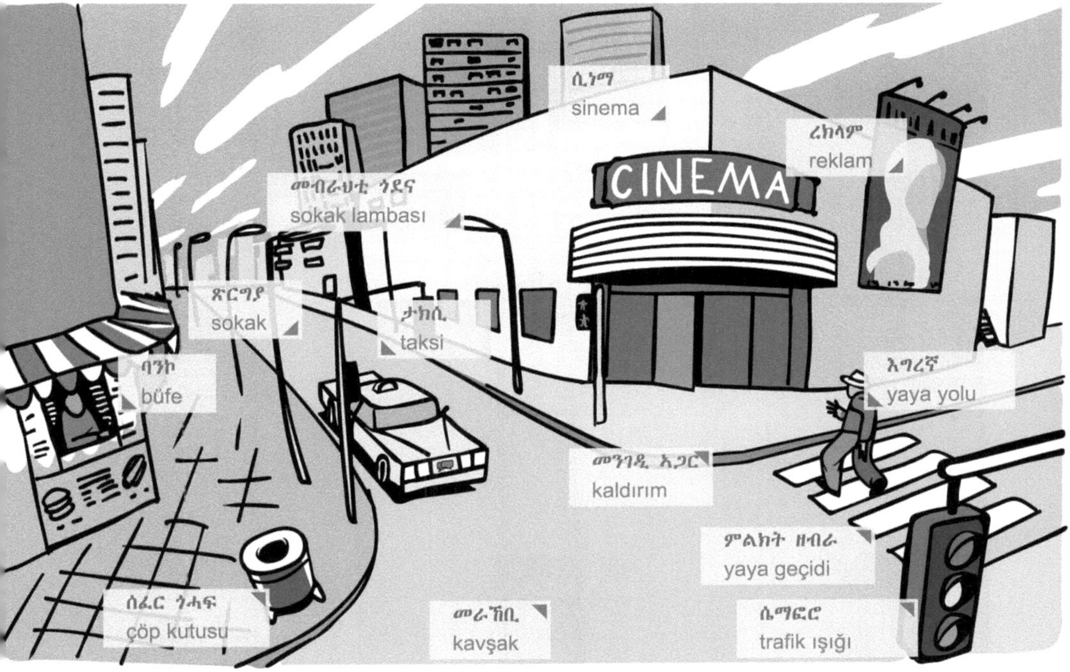

ሲነማ
sinema
CINEMA
ረክላም
reklam
መብራህቲ ጎደና
sokak lambası
ጽርግያ
sokak
ታክሲ
taksi
ባንኮ
büfe
እግረኛ
yaya yolu
መንገዲ እጋር
kaldırım
ምልክት ዘብራ
yaya geçidi
ሰፈር ጎሓፍ
çöp kutusu
መራኸቢ
kavşak
ሴማፎሮ
trafik ışığı

ኣጐዶ
kulübe

ኣፓርትመንት
apartman dairesi

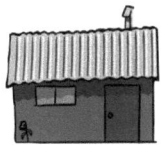

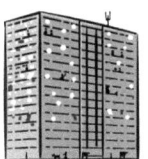

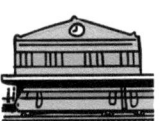

መዕረፊ ባቡር
tren istasyonu

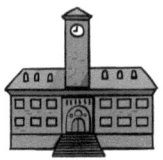

ቤት ምምሕዳር
belediye binası

MUSEUM

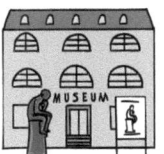

ቤተ መዘክር
müze

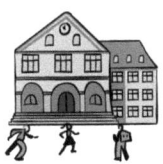

ቤት-ትምህርቲ
okul

ዩኒቨርሲቲ

üniversite

ባንክ

banka

ሆስፒታል

hastane

መቓበሊ አጋይሽ

otel

ቤት መድሃኒት

eczane

ቤት ጽሕፈት

ofis

ዱኳን መጽሐፍቲ

kitapçı

ዱኳን

mağaza

ዱኳን ዕንባባ

çiçekçi

ሱፐርማርክት

süpermarket

ዕዳጋ

market

ሹቕ

büyük mağaza

ነጋዳይ ዓሳ

balık satıcısı

ሹቕ

alışveriş merkezi

መርሳ

liman

መዝናግዒ
park

ባንኪ
bank

ድልድል
köprü

መደያይቦ
merdiven

ባቡር ትሕቲ ምድሪ
metro

ቢንቶ
tünel

መዕረፊ አውቶቡስ
otobüs durağı

ቤት መስተ
bar

ቤት-መግቢ
restoran

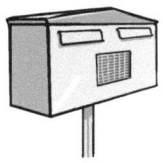

ሰታሪት
posta kutusu

ታቤላ
sokak tabelası

ሰዓት ፓርኪንግ
otopark sayacı

መካነ እንስሳታት
hayvanat bahçesi

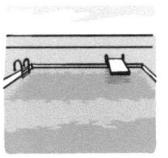

መሓምበሲ
yüzme havuzu

መስጊድ
cami

ከተማ - şehir

ቤት ሕርሻ	ብከላ	መቃበር
çiftlik	kirlilik	mezarlık

ቤተክርስትያን	ቦታ ምጽዋት	ቤት መቅደስ
kilise	oyun alanı	tapınak

ስእሊ መሬት
arazi

አቝጽልቲ
yaprak

መሕበሪ መገዲ
yön tabelası

መገዲ
yol

ሸኻ
çayır

እምኒ
taş

አግራብ
ağaç

ኮብላሊ
yürüyüşçü

ፈለግ
ırmak

ሰዓሪ
çimen

ዕንባባ
çiçek

ስንጭሮ
vadi

ጎቦ
tepe

ቀላይ
göl

ዱር
orman

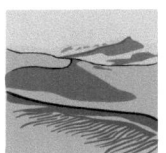

ምድረ በዳ
çöl

እሳተ-ጎመራ
volkan

ግምቢ
kale

ቀስተ-ደመና
gökkuşağı

ቃንጦሻ
mantar

ዓርኮብኮባይ
palmiye

ጣንጡ
sivrisinek

ሃመማ
sinek

ጻጻ
karınca

ንህቢ
arı

ሳሬት
örümcek

ስእሊ መሬት - arazi   15

ሕንዚዝ

böcek

ዕንቅርዖብ

kurbağa

ምጽጹላይ

sincap

ቅንፍዝ

kirpi

ማንቲለ

yabani tavşan

ጉንጓ

baykuş

ጭሩ

kuş

ስዋን

kuğu

መፍለስ

yaban domuzu

ዓጋዘን

geyik

ሙስ

geyik

ግድብ

baraj

ተርባይን ንፋስ

rüzgar türbini

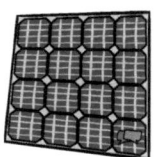

ሶላር ስርሓት

güneş paneli

ኩነታት አየር

iklim

ቤት-መግቢ

restoran

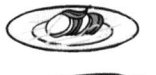

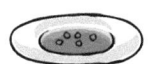

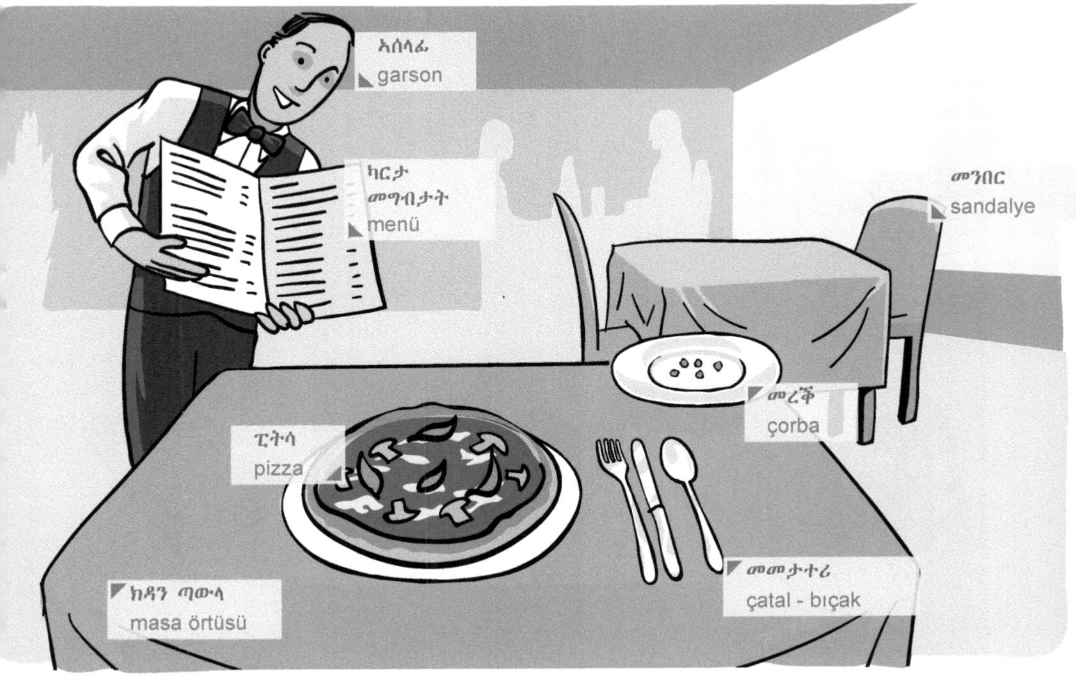
ኣሰላፊ
garson
ካርታ
መግብታት
menü
መንበር
sandalye
መረቕ
çorba
ፒትሳ
pizza
መመታተሪ
çatal - bıçak
ክዳን ጣውላ
masa örtüsü

ቅድመ ቀንዲ መግቢ

....

başlangıç

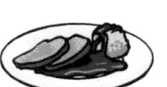

ቀንዲ መኣዲ

....

ana yemek

ድሕረ መግቢ

....

tatlı

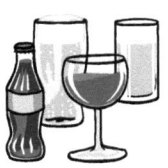

መስተ

....

içecekler

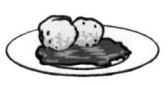

መግቢ

....

yemek

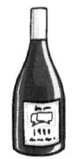

ጥርሙዝ

....

şişe

ስሉጥ መግቢ

fastfood

መግቢ ጽርግያ

sokak yemeği

ብርጭቆ ሻሂ

çaydanlık

ታኒካ ሽኮር

şekerlik

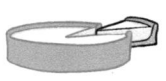

ክፋል

porsiyon

ማሺን ኤስፕረሶ

espresso makinesi

ነዊሕ መንበር

mama sandalyesi

ጸብጻብ

fatura

ታብለት

tepsi

ካራ

bıçak

ፉርከታ

çatal

ማንካ

kaşık

ማንካ ሻሂ

çay kaşığı

ሰርቪየተ

servis peçetesi

ብኬሪ

bardak

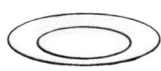

ሸሓኒ

tabak

ሸሓኒ መረቕ

çorba kasesi

ትሕቲ ኩባያ

fincan altlığı

ጸብሒ

sos

ወሃቢ ጨው

tuzluk

መጥሓን በርበረ

karabiber değirmeni

ኣቾቶ

sirke

ዘይቲ

yağ

ቀመም

baharat

ከቻፕ

ketçap

ኣድሪ

hardal

ማዮነዝ

mayonez

ሱፐርማርከት

süpermarket

ወፈያ
özel teklif
FOR
ዓሚል
müşteri
ፍርያታት ጸባ
süt ürünleri
ፍረታት
meyve
ሰረገላ ዱኳን
alışveriş arabası

BUTCHERS

እንዳ ስጋ

kasap

BAKERY

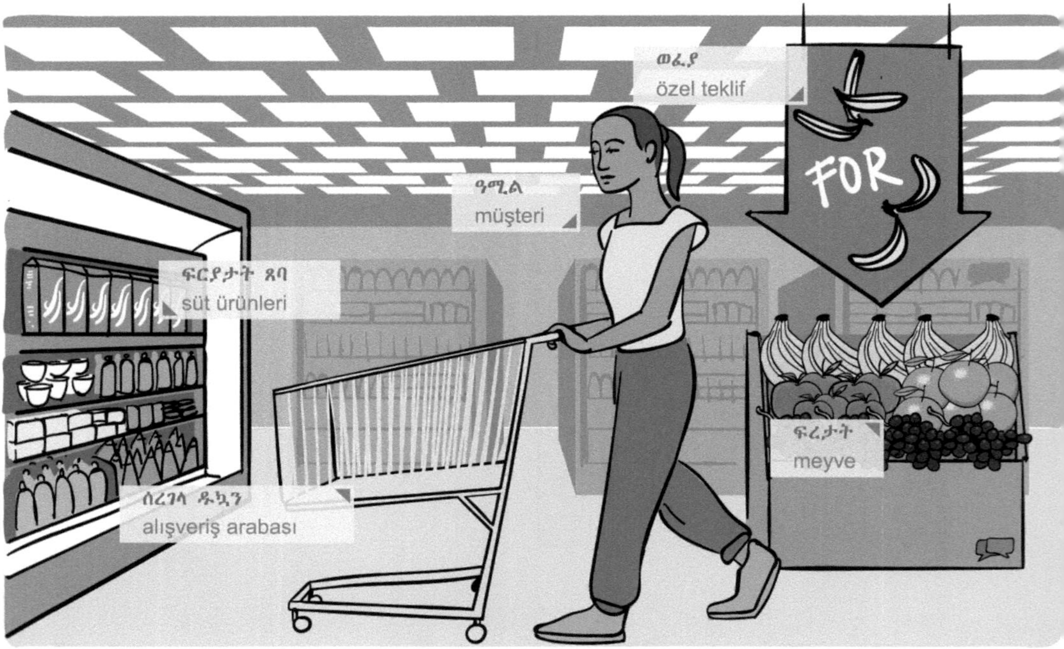

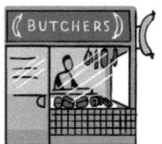

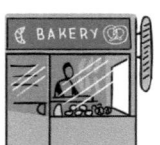

እንዳ ባኒ

fırın

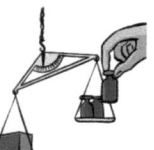

ክብደት

tartmak

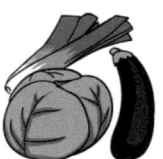

ኣሕምልቲ

sebze

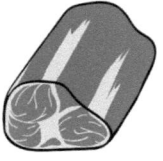

ስጋ

et

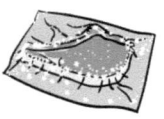

መግቢ ፍሪጅ በረድ

donmuş gıda

ዝሑል ቅሩብ መግቢ
söğüş et

እስታጣላ
konserve yiyecek

አሞ
toz deterjan

ምቁር መግቢ
şekerlemeler

ዘቤታውያን አቅሑ
ev temizlik ürünleri

ናውቲ መጸረዪ
temizlik ürünleri

ሸቃጣይ
satış görevlisi

ካሳ
yazar kasa

ተሓዚ ገንዘብ
kasiyer

ዝርዝር ምግዛእ
alışveriş listesi

ክፉት ሰዓታት
açılış saatleri

ማሕፉዳ
cüzdan

ክረዲት ካርድ
kredi kartı

ሳንጣ
çanta

ፌስታል
plastik poşet

ማይ

su

ጭማቍ

meyve suyu

ጸባ

süt

ኮላ

kola

ነቢት

şarap

ቢራ

bira

አልኮል

alkol

ካካው

kakao

ሻሂ

çay

ቡን

kahve

ኤስፕሬሶ

espresso

ካፑቺኖ

kapuçino

yemek

ባናና

muz

ቱፋሕ

elma

አራንሺ

portakal

ብርጭቆ

kavun

ለሚን

limon

ካሮት

havuç

ጸዕዳ ሽጉርቲ

sarımsak

ባምቡስ

bambu

ሽጉርቲ

soğan

ቅንጥሻ

mantar

ፉል

çerez

ፓስታ

makarna

ስፓጌቲ

spagetti

ሩዝ

pirinç

ሰላጣ

salata

ቅልዋ ድንሽ

cips

ቅሉው ድንሽ

patates kızartması

ፒትሳ

pizza

ሃምቡርገር

hamburger

ፓኒኖ

sandviç

ቢስተካ

şinitzel

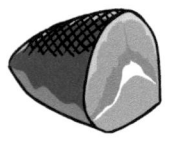

ሰለፍ ሓሰማ

pastırma

ሳላሚ

salam

ግዕዝም

sosis

ደርሆ

tavuk

ቀለወ

rosto

ዓሳ

balık

ገዓት

yulaf ezmesi

ሙስሊ

müsli

ኮርንፍለይክስ

mısır gevreği

ሓርጭ

un

ክሮሶን

kruvasan

ባኒ

küçük ekmek

ባኒ

ekmek

ቶስት

tost

ብስኩቲ

bisküvi

ጠስሚ

tereyağı

ርጎኦ

kaymak

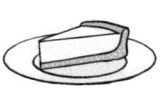

ፓስተ

kek

እንቋቍሖ

yumurta

ቅሉው እንቋቍሖ

sahanda yumurta

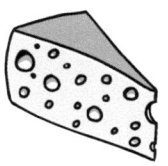

ፋርማጆ

peynir

አይስ ክሪም
dondurma

ሽኮር
şeker

መዓር
bal

ጃም
reçel

ኑጋት-ክሪም
fındık ezmesi

ኩሪ
köri

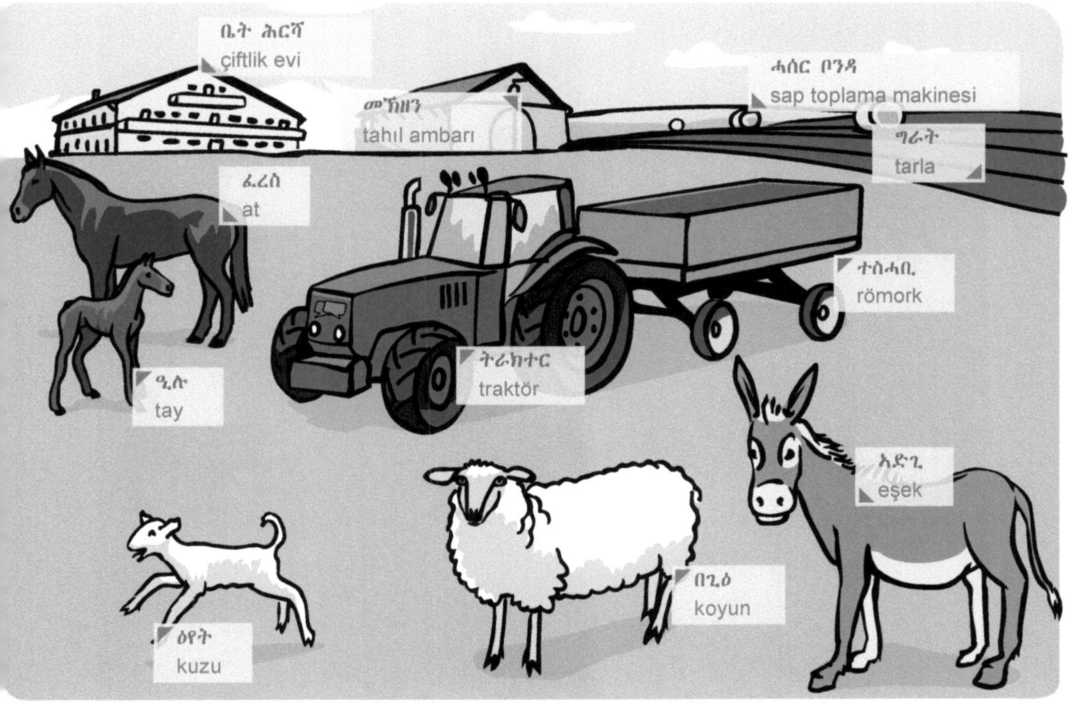

ቤት ሕርሻ
çiftlik evi

መኽዘን
tahıl ambarı

ሓሰር ቦንዳ
sap toplama makinesi

ግራት
tarla

ፈረስ
at

ተስሓቢ
römork

ትራክተር
traktör

ዒሉ
tay

ኣድጊ
eşek

ዕየት
kuzu

በጊዕ
koyun

ጤል
keçi

ብዕራይ
inek

ምራኽ
buzağı

ሓሰማ
domuz

ውላድ ሓሰማ
domuz yavrusu

ኣርሓ
boğa

ዓሳ

kaz

ማይ ደርሆ

ördek

ጫቝሊት

civciv

ደርሆ

tavuk

ኣርሓ ደርሆ

horoz

ኣንጨዋ ዓባይ

sıçan

ድሙ

kedi

ኣንጭዋ

fare

ብዕራይ

öküz

ከልቢ

köpek

ኣጎዶ ከልቢ

köpek kulübesi

ቱቦ ጀርዲን

bahçe hortumu

መዝፈፊ ማይ

sulama kabı

ዓቢ ማዕጺድ

tırpan

ማሕረሻ

pulluk

ማዕጺ.ድ

orak

ጭኳሮ

çapa

መስአ

dirgen

ፋስ

balta

ዓረብያ ኢ.ድ

el arabası

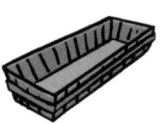

ጋብላ

yemlik

ብርጭቆ ጸባ

süt kovası

ክሻ

çuval

ሓጹር

çit

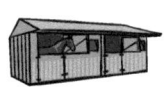

መንሰስ

ahır

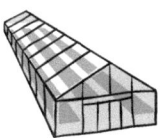

ቆጠልያ ገዛ

sera

ባይታ

toprak

ዘርኢ.

tohum

ድኹዒ

gübre

ዘጣምር ቀውዓይ

biçerdöver

ቀው0
hasat etmek

ጻማ
harman

ድንሽ ያም
tatlı patates

ስርናይ
buğday

ሶያ
soya

ድንሽ
patates

ዕፉን
mısır

ራፕስ
kolza

ገረብ ፍረታት
meyve ağacı

ማኒኦክ
manyok

አእኻል
hububat

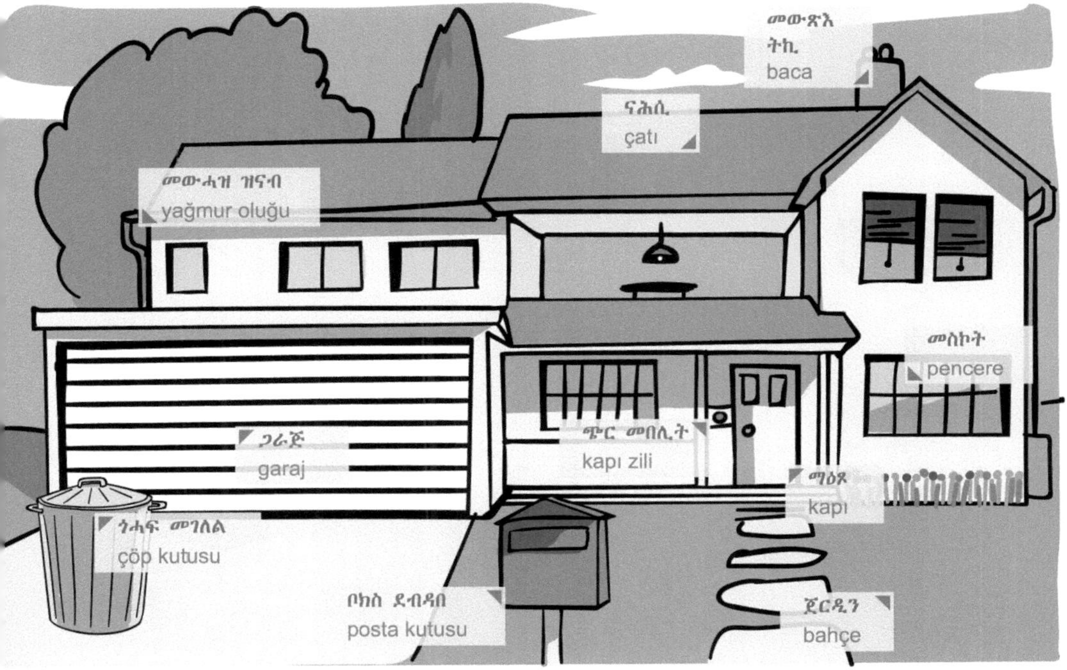

መውጽእ
ትኪ
baca

ናሕሲ
çatı

መውሓዝ ዝናብ
yağmur oluğu

መስኮት
pencere

ጋራጅ
garaj

ጥር መበሊ.ት
kapı zili

ማዕጾ
kapı

ጐሓፍ መገለል
çöp kutusu

ቦክስ ደብዳቤ
posta kutusu

ጀርዲን
bahçe

ክፍሊ ምቕማጥ
oturma odası

ክፍሊ ባንዮ
banyo

ክሽን
mutfak

ክፍሊ መደቀሲ
yatak odası

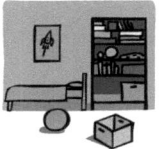

ክፍሊ ቆልዑ
çocuk odası

መመገቢ ክፍሊ
yemek odası

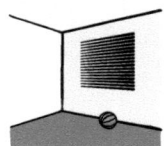

ባይታ
zemin

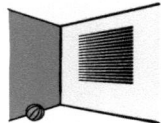

መንደቅ
duvar

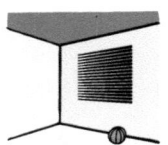

ከበርታ
tavan

ካንቲና
kiler

ሳውና
sauna

ባልኮን
balkon

ዛላ
teras

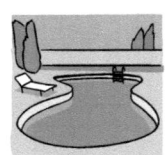

መሕምበሲ
havuz

መቑረጺ ሳዕሪ
çim biçme makinesi

አንሶላ ዓራት
çarşaf

ከበርታ ዓራት
yatak örtüsü

ዓራት
yatak

መኽስተር
süpürge

መገለል
kova

መወልዒት
anahtar

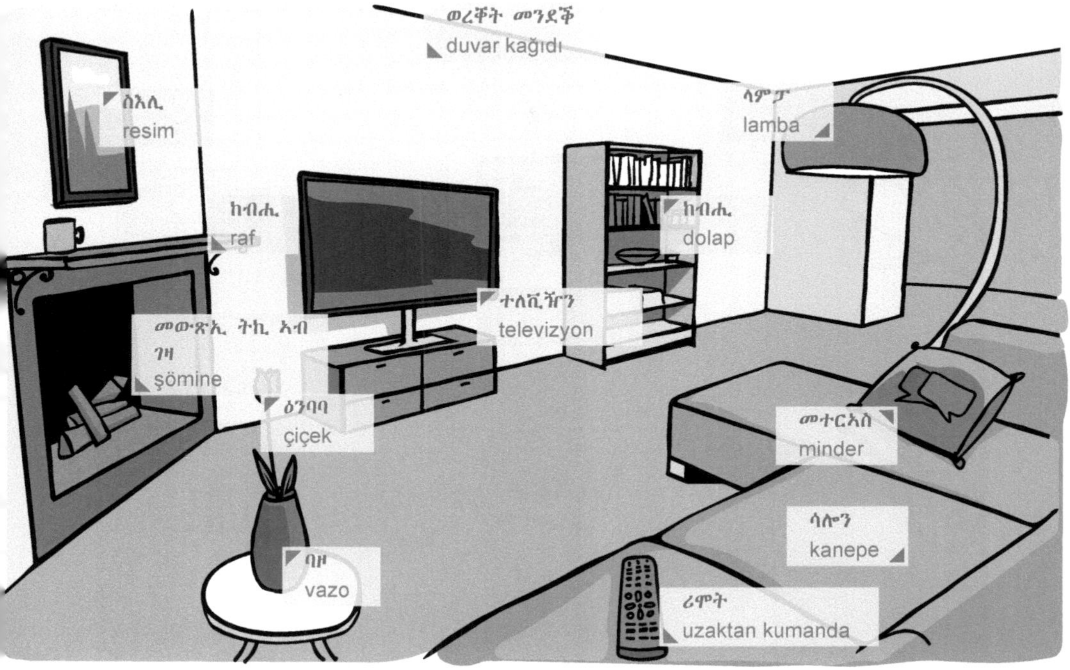

ወረቓት መንደቕ
duvar kağıdı

ስእሊ
resim

ላምፓ
lamba

ከብሒ
raf

ከብሒ
dolap

መውጽኢ ትኪ ኣብ
ገዛ
şömine

ተለቪዥን
televizyon

ዕንባባ
çiçek

መተርኣስ
minder

ሳሎን
kanepe

ባዞ
vazo

ሪሞት
uzaktan kumanda

መንጸፍ

halı

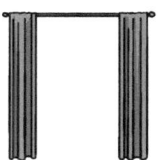

መጋረጃ

perde

ጣውላ

masa

መንበር

sandalye

ሰለል ዝብል መንበር

salıncaklı koltuk

መንበር ምቹእ

koltuk

መጽሓፍ
kitap

ከቦርታ
battaniye

ስልማት
dekor

እንጨይቲ ሓዊ
odun

ፊልም
film

ስተረዮ
hi-fi

መፍትሕ
anahtar

ጋዜጣ
gazete

ቅብኣ
tablo

ፖስተር
poster

ረድዮ
radyo

ጥራዝ
defter

መልገሲ ደርና
elektrikli süpürge

በለስ
kaktüs

ሽምዓ
mum

ክሽነ

mutfak

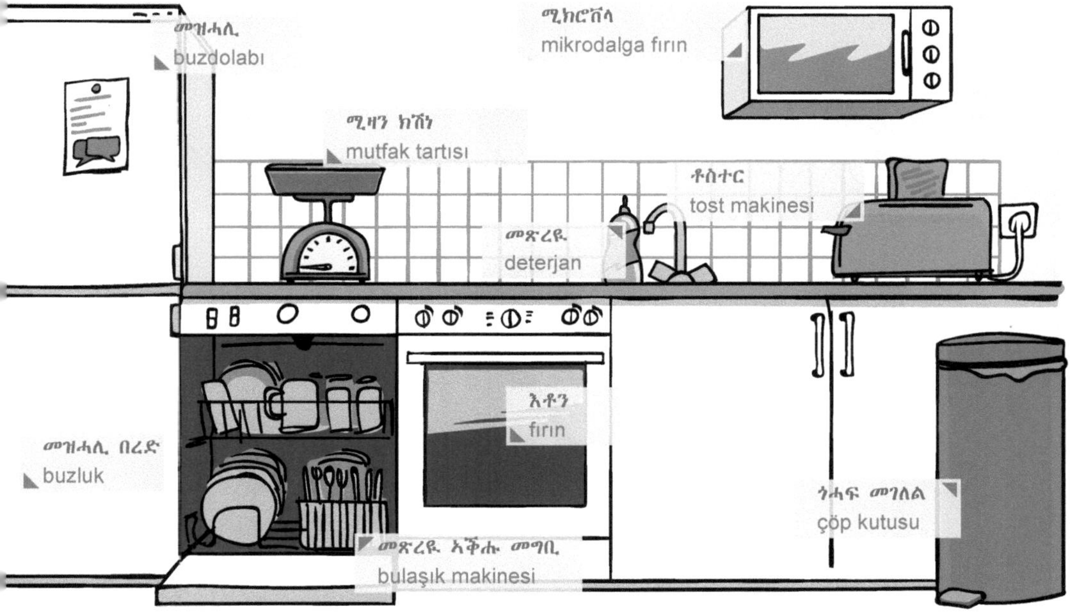

መዝሓሊ
buzdolabı
ሚክሮቨላ
mikrodalga fırın
ሚዛን ክሽነ
mutfak tartısı
ቶስተር
tost makinesi
መጽረዪ
deterjan
እቶን
fırın
መዝሓሊ በረድ
buzluk
ጎሓፍ መገለል
çöp kutusu
መጽረዪ ኣቕሑ መግቢ
bulaşık makinesi

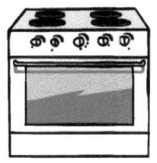

መኽሸኒ

ocak

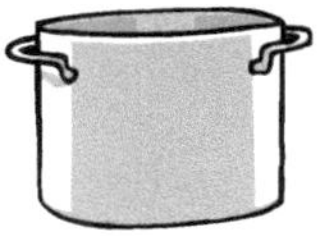

ድስቲ

tencere

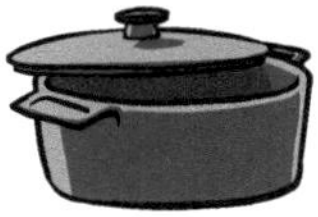

ድስቲ ሓጺን

döküm tencere

ቮክ/ካዳይ

wok

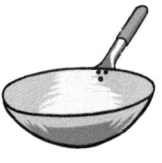

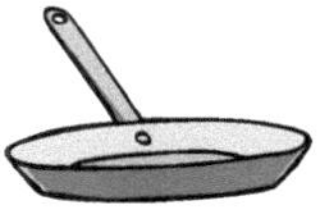

ባደላ

tava

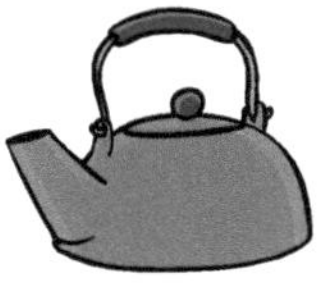

መውዓዪ ማይ

su ısıtıcı

መፍልሒ

buharlı pişirici

ጎንቴራ ምስንካት

pişirme tepsisi

ኣቕሑ መግቢ

tabak takımı

ብርጭቆ

kupa

ጭሓሎ

kase

ማንካቿና

çubuk (çin yemeği)

ማንካ መረቕ

kepçe

መገልበጢ ባደላ

spatula

መኸስተር ውርጪ

çırpma teli

መንፊት መግቢ

süzgeç

መንፊት

elek

መፋሕፍሒ

rende

ሞርታር

havan

ባርቢክዩ

barbekü

ስፍራ ሓዊ

açık ateş

እንጨይቲ ምምታር

kesme tahtası

እንጨይቲ ኮረር

merdane

መኽፈት ቡሽ

tirbüşon

ታኒካ

konserve kutusu

መኽፈቲ ታኒካ

konserve açacağı

ጨርቂ ድስቲ

fırın eldiveni

ቡምባ

evye

አስባስላ

fırça

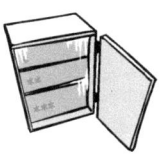

ሰፍነግ

sünger

ሓዋሲ አደባላቒ

blender

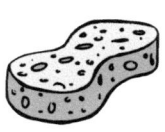

መዝሓሊ በረድ

derin dondurucu

ጥርሙዝ ማማይ

biberon

ቡምባ ማይ

musluk

banyo

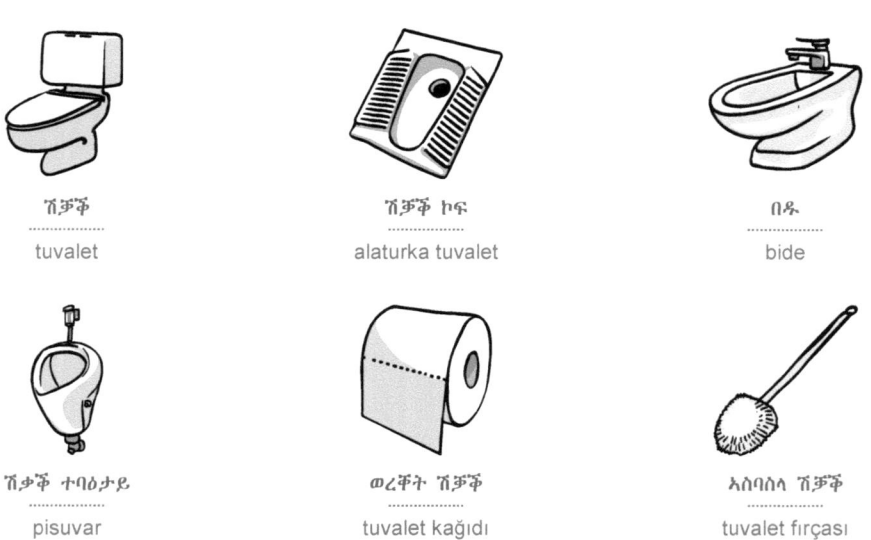

መዉዓዪ
ısıtma

መሕጸቢ ሻወር
duş

ሸጎማኖ
havlu

ሻወር መጋረጃ
duş perdesi

መሕጸቢ ዓፍራ
köpük banyosu

ባንዮ መሕጸቢ
küvet

ሓጸቢት
çamaşır makinesi

ማቶነላ
fayans

ብኬሪ
bardak

ቡምባ ማይ
musluk

ድስቲ
lazımlık

ቡምባ
evye

ሸቻቕ	ሸቻቕ ኮፍ	በዱ
tuvalet	alaturka tuvalet	bide
ሸቻቕ ተባዕታይ	ወረቐት ሸቻቕ	ኣስባስላ ሸቻቕ
pisuvar	tuvalet kağıdı	tuvalet fırçası

አስባስላ ስኒ

diş fırçası

ክረማ ስኒ

diş macunu

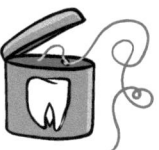

ሃሪ ስኒ

diş ipi

ሓጸብ

yıkamak

ዱሽ ኢ.ድ

duş başlığı

ዱሽ

duş başlığı şeklinde taharet musluğu

ብርጭቆ ም'ሕጸብ

küvet

አስባስላ ሕጆ

banyo fırçası

ሳምና

sabun

ሻወር ጀል

duş jeli

ሻምፑ

şampuan

ጨርቂ መሕጸቢ

banyo lifi

መውሓዚ

gider

ክረማ

krem

ደዮ ጨና

deodorant

መስትያት

ayna

ናይ ኢድ መስትያት

el aynası

መላጸ

jilet

ዓፍራ ምልጻይ

tıraş köpüğü

ጨና ድሕሪ ምልጻይ

tıraş losyonu

መመሸጥ

tarak

አስባስላ

fırça

መንቐጺ ጸግሪ

saç kurutma makinesi

ስፕረይ ጸግሪ

saç spreyi

መመላኽዒ

makyaj

ብርዒ ቀለም ከንፈር

ruj

አዝማልቶ

tırnak cilası

ጻምሪ ጡጥ

pamuk

መስደዲ ጽፍሪ

tırnak makası

ጨና

parfüm

ሳንጣ መሕጸቢ.
....
makyaj çantası

ድኳ
....
tabure

ሚዛን
....
tartı

ክዳን መሕጸቢ.
....
bornoz

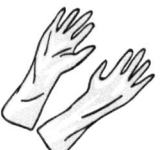

ጓንቲ መጸሪዩ.
....
lastik eldiven

ታምፖን
....
tampon

ጨርቂ ሰበይቲ
....
kadın pedi

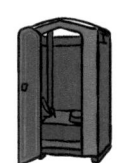

ሽቓቕ ከሚስትሪ
....
kimyevi tuvalet

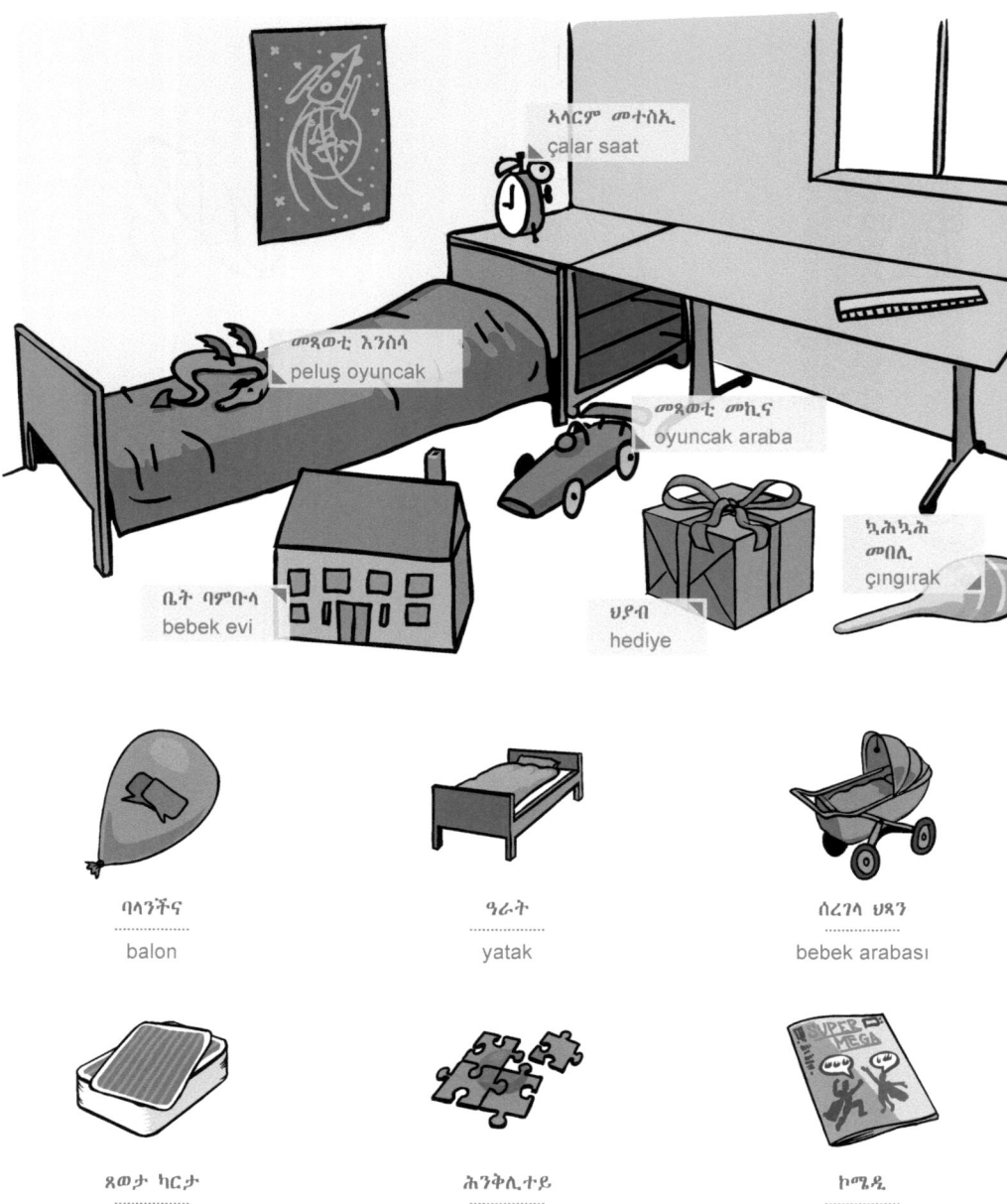

አላርም መተስኢ
çalar saat

መጻወቲ እንስሳ
peluş oyuncak

መጻወቲ መኪና
oyuncak araba

ኪሕኳሕ መበሊ.
çıngırak

ቤት ባምቡላ
bebek evi

ህያብ
hediye

ባላንችና
balon

ዓራት
yatak

ሰረገላ ህጻን
bebek arabası

ጸወታ ካርታ
kart destesi

ሕንቅሊ.ተይ
yapboz

ኮሜዲ.
çizgi roman

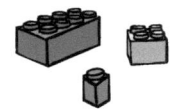

እምንታት መጸወቲ ለጎ

lego tuğlaları

መጸወቲ እምንታት

lego blokları

በዓል አክቸን

aksiyon figürü

ክዳን ማማይ

zıbın

ፍሪስቢ

frizbi

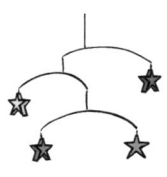

ሞባይል ማማይ

dönence

ጸወታ ሰሌዳ

masa oyunu

ኩቦ

zar

ሞደል ባቡር ምድሪ

model tren seti

ዓባስ

emzik

ፓርቲ

parti

መጽሓፍ ስእሊ

resimli kitap

ኩዕሶ

top

ባምቡላ

oyuncak bebek

ተጻወተ

oynamak

መጻወቲ ሓጺ
....
kum havuzu

ሰላል
....
salıncak

መጻወቲታት
....
oyuncaklar

ኮንሶል ቪድዮ
....
video oyun konsolu

መጻወቲ ሰለስተ መንኮርኮር
....
üç tekerlekli bisiklet

ተዲ
....
oyuncak ayı

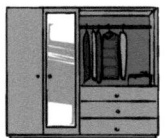

ከብሒ ክዳን
....
gardırop

ክዳን
kıyafet

ካልስታት
....
çorap

ነዊሕ ካልስታት
....
külotlu çorap

ስረ ካልሲ
....
tayt

ሻርባ
eşarp

ቀልፊ
kemer

ጽላል
şemsiye

ማልያ
tişört

ሬፋዕ
bot

ጫማ ገዛ
terlik

ስኴርስ
spor ayakkabı

ሻበጥ
....
sandalet

ጫማ
....
ayakkabı

ሬፋዕ ጎማ
....
lastik çizme

ሙታንታ
....
külot

ክዳን ጡብ
....
sütyen

ትሕተ ካሚቻ
....
yelek

ቦዲ

dar bluz

ስሪ

pantolon

ጂንስ

kot pantolon

ቀሚሽ

etek

ካምቻ

bluz

ካሚቻ

gömlek

ጉልፍ

kazak

ጎልፍ

süveter

ጃኬት

blazer

ጃከት

ceket

ጁባ

mont

ክዳን ዝናብ

yağmurluk

ኮስቱም

kostüm

ቀሚሽ

elbise

ቀሚሽ መርዓ

gelinlik

ልብሲ
takım elbise

ካሚቻ ለይቲ
gecelik

ክዳን ለይቲ
pijama

ሳሪ
sari

መሃረብ ርእሲ
baş örtüsü

ቱርባን
türban

ቡርካ
burka

ካፍታን
kaftan

አባያ
çarşaf

ክዳን መሕምበሲ
mayo

ስረ መሕምበሲ
erkek mayosu

ሓጺር ስረ
şort

ክዳን ታዕሊም
eşofman

በጃ ክዳን
önlük

ጓንቲ
eldiven

መልጎም

düğme

መነጽር

gözlük

በንናጅር

bilezik

ማዕተብ

kolye

ቀለበት

yüzük

ኩትሻ

küpe

ቆብዕ

kep

መንበሪ ጁባ

portmanto

ባርኔጣ

şapka

ካራባት

kravat

ሻርኔጣ

fermuar

ሀልመት

kask

መድልደል ስረ

pantolon askısı

ድቢዛ ቤትትምህርቲ

okul forması

ድቢዛ

üniforma

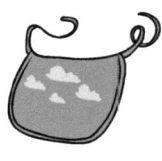

ሰደርያ ቆልዓ

mama önlüğü

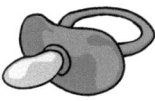

ዓባስ

emzik

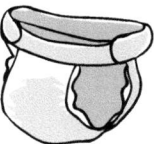

ጨርቂ ማማይ

bebek bezi

ቤት ጽሕፈት

ofis

ሰርቨር
sunucu
ክብሒ ሰነድ
dosya dolabı
ፕሪንተር
yazıcı
ወረቐት
kağıt
ሞኒቶር
monitör
ጣውላ ምጽሓፍ
masa
ኣንጭዋ
fare
ሓቛፊ
klasör
ኪቦርድ
klavye
ጎሓፍ ወረቐት
kağıt çöp kutusu
ኮምፒተር
bilgisayar
መንበር
sandalye

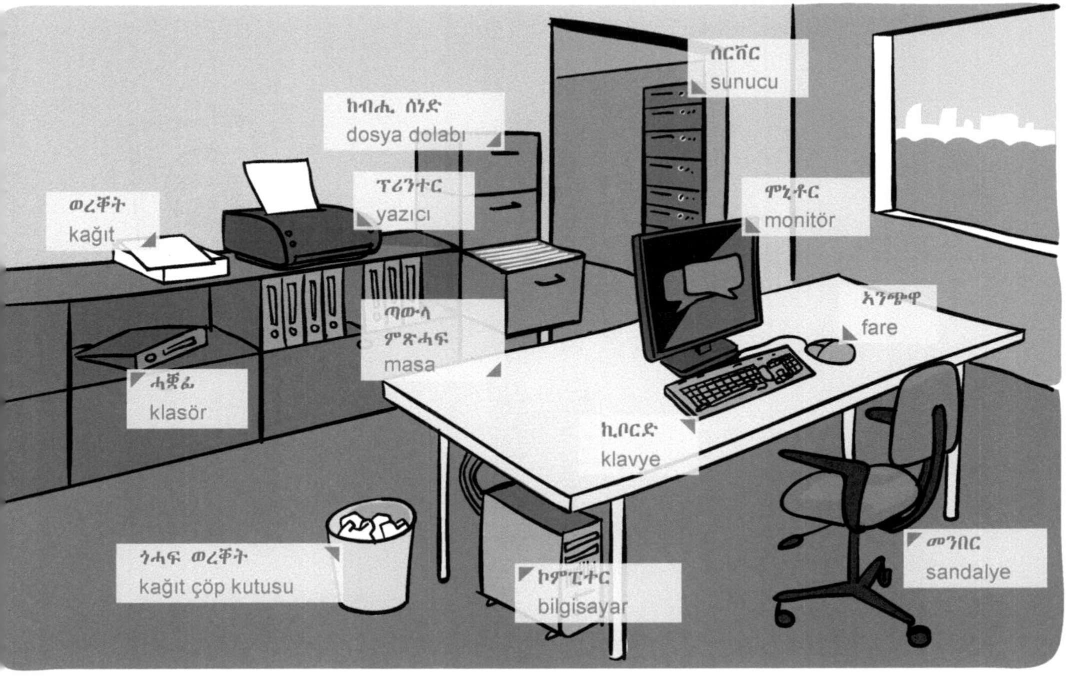

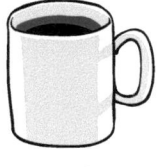

ብርጭቆ ቡን

kahve fincanı

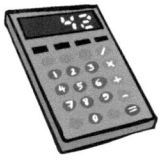

ካልኩለተር

hesap makinesi

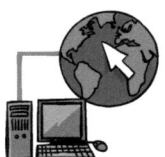

ኢንተርነት

internet

ለፕቶፕ

dizüstü

ደብዳበ

mektup

መልእኽቲ

mesaj

ሞባይል

cep telefonu

ነትወርክ/መርበብ

ağ

መቅድሒ ፎቶኮፒ

fotokopi makinesi

ሶፍትዌር

yazılım

ተለፎን

telefon

ሶከት ኳረንቲ

priz

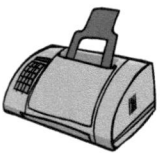

ፋክስ

faks makinesi

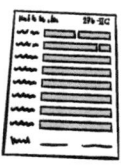

ፎርም

form

ሰነድ

belge

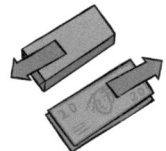

ገዝአ

satın almak

ከፈለ

ödemek

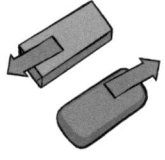

ንግዴ

ticaret yapmak

ገንዘብ

para

ዶላር

dolar

አይሮ

avro

የን

yen

ሩብል

ruble

ስዊዝ ፍራንከን

İsviçre frangı

ረንሚንቢ, ዩዋን

Çin yuanı

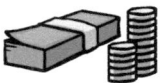

ሩፒየ

rupi

መውጽኢ ማሺን ገንዘብ

kasa

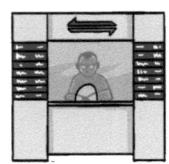

በታ ቅያር ገንዘብ

döviz bürosu

ወርቂ

altın

ብሩር

gümüş

ዘይቲ

petrol

ሓይሊ

enerji

ዋጋ

fiyat

ውዕል

kontrat

ቀረጽ

vergi

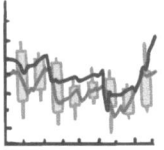

እኩብ ጥሪ-ነገራት

menkul değer

ሰርሐ

çalışmak

ሰራሕተኛ

işveren

ኣስራሒ

işçi

ትካል

fabrika

ዱኳን

mağaza

በዓል ፖሊስ
polis memuru

መጠፊኢ ሓዊ
itfaiyeci

መራሒ ነፋሪት
pilot

ሓኪም
doktor

ከሻኒ
aşçı

ሰራሕተኛ ጀርዲን
bahçıvan

ጸራቢ ዕንጸይቲ
marangoz

ሰፋይት
terzi

ፈራዳይ
hakim

ቀማሚ
kimyager

ተዋሳኢ
aktör

መራሒ አዉቶቡስ

otobüs şoförü

አውቲስታ ታክሲ

taksi şoförü

ገፋፊ ዓሳ

balıkçı

ጸራጊት

temizlikçi

ሃናጻይ ናሕሲ

çatı ustası

አሰላፊ

garson

ሃዳናይ

avcı

ሰኣላይ

boyacı

እንዳ ሕብስቲ

fırıncı

ኤለትሪከኛ

elektrikçi

ሃናጺ ኣባይቲ

inşaatçı

ሃንዳሲ

mühendis

ሰራሕተኛ እንዳ ስጋ

kasap

ድራብሊኮ

muslukçu

አማላሳሊ ፖስጣ

postacı

ወተሃደር

asker

መሃንድስ

mimar

ተሓዝ ገንዘብ

kasiyer

ሰራሕተኛ ዕምባባ

çiçekçi

ቀምቃማይ

kuaför

ፌተሪኖ

kondüktör

መካኒክ

tamirci

መራሒ መርከብ

kaptan

ሓኪም ስኒ

dişçi

ተመራማሪ

bilim insanı

ራቢ

haham

ኢማም

imam

ፈላሲ

keşiş

ቀሺ

rahip

ናውቲ
aletler

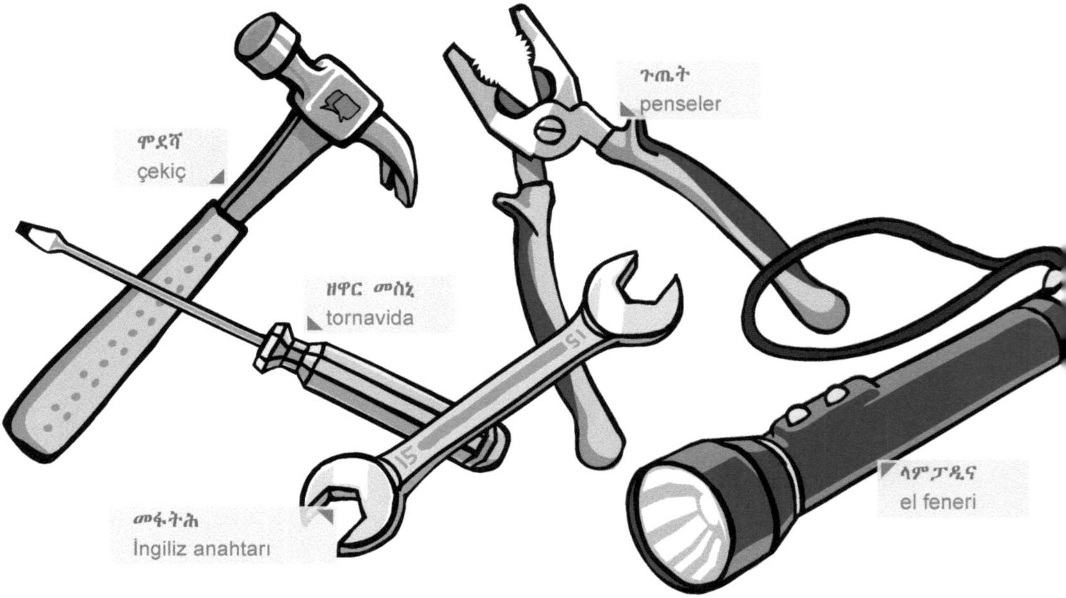
ሞደሻ
çekiç
ጉጤት
penseler
ዘዋር መስኒ
tornavida
መፋትሕ
İngiliz anahtarı
ላምፓዲና
el feneri

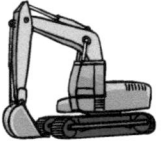

ፈሓሪ
kazı makinesi

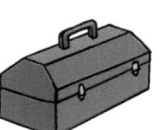

ናውቲ ቦክስ
alet çantası

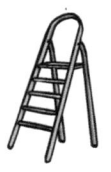

መደያይቦ
merdiven

መጋዝ
testere

መስማር
çiviler

ኰዓቲ
matkap

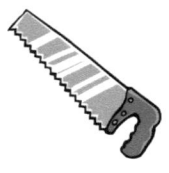

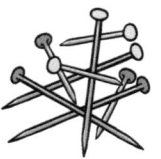

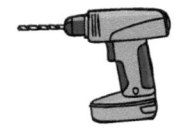

ምዕራይ
tamir etmek

ባደላ
kürek

አይ!
Kahretsin!

መትሓዚ ዶሮና
faraş

ድስቲ ቀለም
boya tenekesi

ካቾቢተ
vidalar

መሳርሒ ሙዚቃ
müzik enstrümanı

እስፒከር
hoparlör

ከበሮታት
bateri seti

ጊታር
gitar

ረጉድ ዓባይ ጊታር
kontrbas

ትሮምፐት
trompet

ፒያኖ

piyano

ቪዮሊን

keman

ባስ ጊታር

basgitar

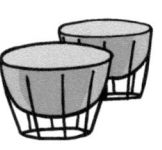

ቲምንኢ

timpani

ከቦሮ

bateri

ኦርጋን

klavye

ሳክሶፎን

saksafon

ሻምብቆ

flüt

ሚክሮፎን

mikrofon

መሳርሒ ሙዚቃ - müzik enstrümanı

መካነ እንስሳታት

hayvanat bahçesi

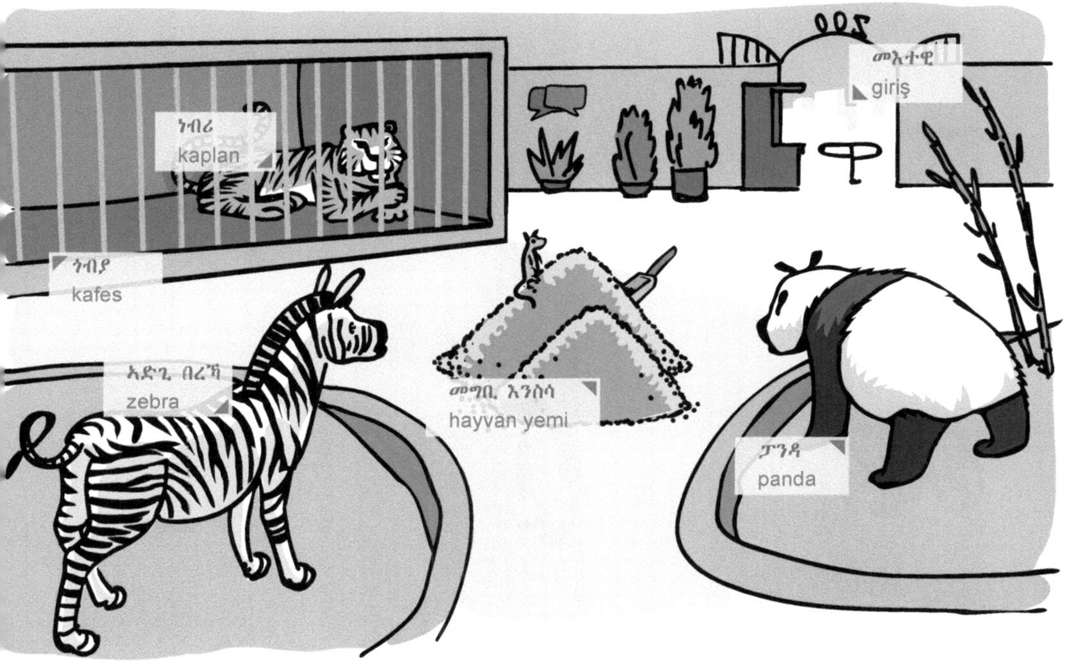

ነብሪ
kaplan
መእተዊ
giriş
ጎብያ
kafes
አድጊ በረኻ
zebra
መግቢ እንስሳ
hayvan yemi
ፓንዳ
panda

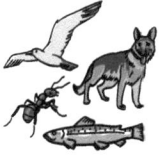

እንስሳታት

hayvanlar

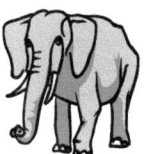

ሓርማዝ

fil

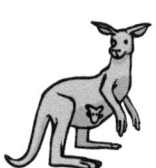

ካንጋሩ

kanguru

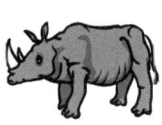

ሓሪሽ

gergedan

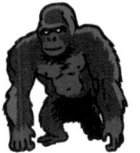

ጉሪላ

goril

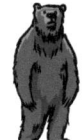

ድቢ

ayı

ገመል
deve

ሰጎን
deve kuşu

አንበሳ
aslan

ህበይ
maymun

ፍላሚንጎ
flamingo

ሕንጻይ
papağan

ድቢ በረድ
kutup ayısı

ፐንጉን
penguen

ክልቢ ዓሳ
köpek balığı

ጣውስ
tavus kuşu

ተመን
yılan

ሓርገጽ
timsah

ሓላዊ ቤት ገርድሽ
hayvanat bahçesi görevlisi

ዓሳ ዚምገብ እንስሳ ባሕሪ
fok

ጃጓር
jaguar

ሓጺር ፈረስ

midilli atı

ነብሪ

leopar

ጉማረ

su aygırı

ጂራፍ

zürafa

ሲላ

kartal

መፍለስ

yaban domuzu

ዓሳ

balık

ጎብየ

kaplumbağa

ዋልሩስ

mors

ወ'ኻርያ

tilki

ሰስሓ

ceylan

ናይ አሜሪካ ኩዕሶ እግሪ
amerikan futbolu

ምዝዋር ብሽግለታ
bisiklete binme

ተኒስ
tenis

ባስከትባል
basketbol

ም'ሕምባስ
yüzme

ቦክሲንግ
boks

ሆኪ በረድ
buz hokeyi

ኩዕሶ እግሪ
futbol

ባድሚንቶን
badminton

እስፖርታዊ ንጥፈታት
atletizm

ኩዕሶ ኢድ
hentbol

ስኪ
kayak

ፖሎ
polo

ነጣሪ
atlamak

ሓቛፊ
sarılmak

ሰሓቐ
gülmek

ደረፈ
söylemek

ከደ
yürümek

ጸለየ
dua etmek

ሰዓመ
öpmek

ሓለመ
hayal etmek

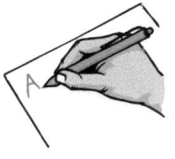

ጸሓፊ

yazmak

ሰአለ

çizmek

አርአየ

göstermek

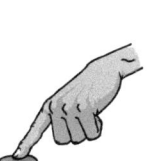

ደፍአ

itmek

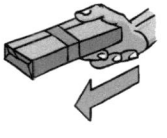

ሃበ

vermek

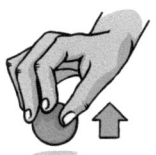

ወሰደ

almak

አለወ

sahip olmak

ገበረ

yapmak

ኮነ

olmak

ጠጠወ በለ

ayakta durmak

ጎየየ

koşmak

ሰሓበ

çekmek

ሰንደወ

atmak

ወደቐ

düşmek

ሓሰወ

yalan söylemek

ተጸበየ

beklemek

ሰከም

taşımak

ኮፍ በለ

oturmak

ተኸድነ

giyinmek

ደቀሰ

uyumak

ተስአ

uyanmak

ረአየ

bakmak

በኸየ

ağlamak

ብአጻብኡ ደረዘ

vurmak

መሸጠ

taramak

ተዛረበ

konuşmak

ተረድአ

anlamak

ሓተተ

sormak

ሰምዐ

dinlemek

ሰተየ

içmek

በልዐ

yemek

አቐመጠ

düzenlemek

አፍቀረ

sevmek

ከሸነ

pişirmek

ዘወረ

sürmek

ነፈረ

uçmak

ብመርከብ ገየሽ

denize açılmak

ደመረ

hesapla

አንበበ

okumak

ተመሃረ

öğrenmek

ሰርሐ

çalışmak

መርዓወ

evlenmek

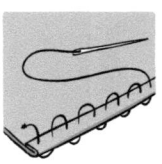

ሰፈየ

dikmek

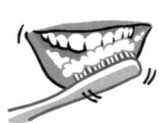

ጽሬት አስናን

diş fırçalamak

ቀተለ

öldürmek

ሽጋራ ተከኸ

sigara içmek

ሰደደ

yollamak

ዓባየ
büyükanne

አቦሓጎ
büyükbaba

አቦ
baba

አደ
anne

ማማይ
bebek

ጓል
kız

ወዲ
oğul

ጋሻ
misafir

ሓትኖ
teyze

አኮ
amca

ሓው
erkek kardeş

ሓፍቲ
kız kardeş

አካላት

vücut

ግንባር
alın
ዓይኒ
göz
መንኩብ
omuz
ኣጻብዕ
parmak
ገጽ
yüz
መንከስ
çene
ኢድ
el
ሸፋን እግሪ
bacak
ኣፍ-ልቢ
göğüs
ምናት
kol

ማማይ

bebek

ሰብኣይ

adam

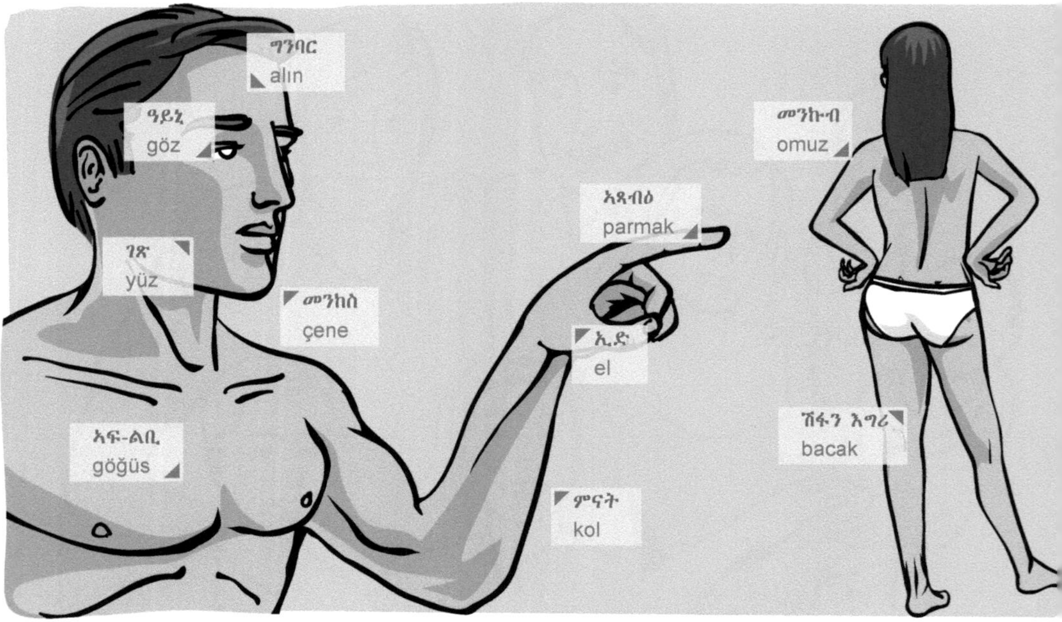

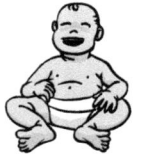

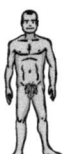

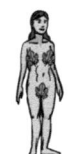

ሰበይቲ

kadın

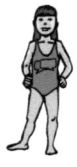

ጓል

kız

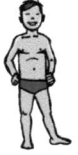

ወዲ

erkek çocuk

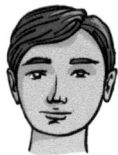

ርእሲ

baş

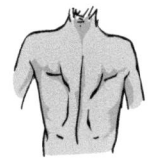

ሕቝ

sırt

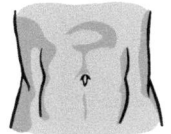

ከስዐ

karın

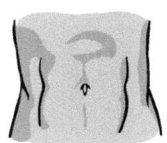

ሕምብርቲ

göbek

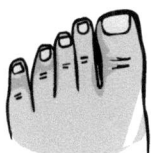

ኣጻብዕ እግሪ

ayak parmağı

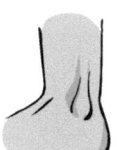

ኩርኵረ

topuk

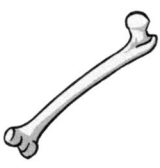

ዓጽሚ

kemik

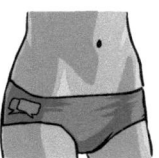

ምሕኮልቲ

kalça

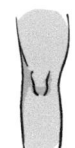

ብርኪ

diz

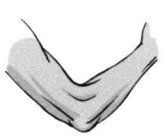

ፍግፍጐ

dirsek

ኣፍንጫ

burun

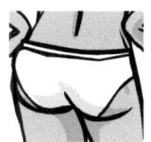

መዓኮር

kalça

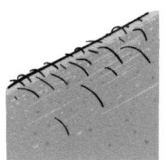

ቆርበት

deri

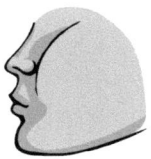

ምዕጉርቲ

yanak

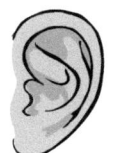

እዝኒ

kulak

ከንፈር

dudak

አፍ

ağız

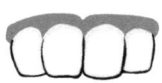

ስኒ

diş

መልሓስ

dil

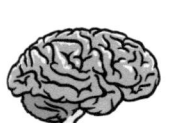

ሓንጎል

beyin

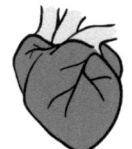

ልቢ

kalp

ጭዋዳ

kas

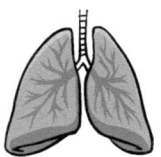

ሳንቡእ

akciğer

ጸላም ከብዲ

karaciğer

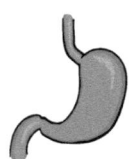

ከብዲ

mide

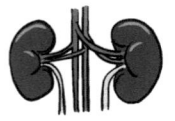

ኲሊት

böbrekler

ግብረ ስጋ

seks

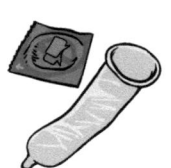

ኮንዶም

prezervatif

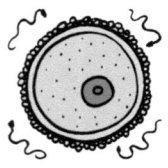

እንቋቝሓ

yumurtalık

ዘርኢ ተባዕታይ

sperm

ጥንሲ

hamilelik

x

70 አካላት - vücut

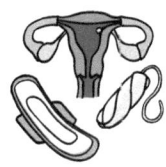

ጽግያት

regl

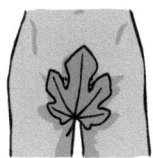

ርሕሚ

vajina

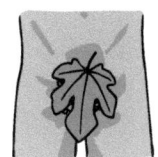

መትሎ

penis

ሽፋሽፍቲ

kaş

ጸግሪ

saç

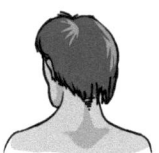

ክሳድ

boyun

ሆስፒታል

hastane

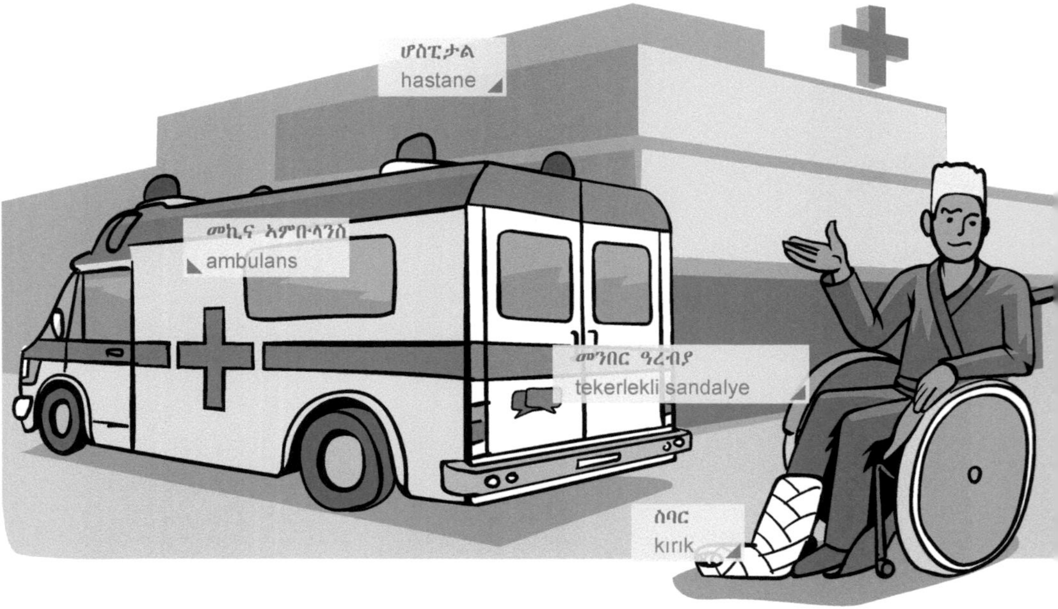

ሆስፒታል
hastane
መኪና ኣምቡላንስ
ambulans
መንበር ዓረብያ
tekerlekli sandalye
ስባር
kırık

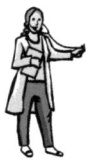

ሓኪም

doktor

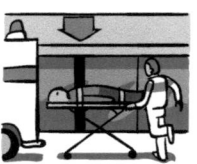

ክፍሊ ህጹጽ ረድኤት

acil servis

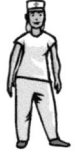

ኣላይት

hemşire

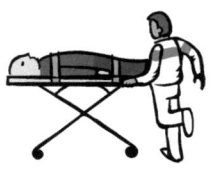

ህጹጽ ኩነት

acil

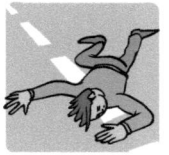

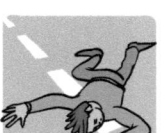

ውነኡ ዘጥፍአ

baygın

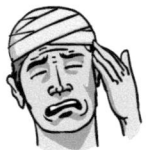

ቃንዛ

acı

ጉድኣት

yaralanma

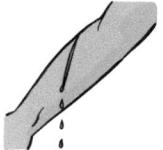

ደም

kanama

ማህረምቲ

kalp krizi

ማህረምቲ

felç

ኣለርጂ

alerji

ሰዓል

öksürük

ረስኒ

ateş

ኡንፍልወንዛ

grip

ውጽኣት

ishal

ቃንዛ ርእሲ

baş ağrısı

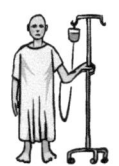

መንሽሮ

kanser

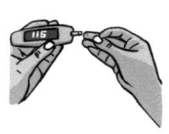

ሹኮርያ

şeker hastalığı

ሓኪም መጥባሕቲ

cerrah

መጥብሒ

neşter

መጥባሕቲ

operasyon

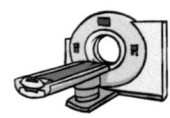

CT

bilgisayarlı tomografi

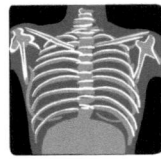

ራጀ

röntgen

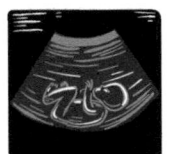

ልዕለ ድምጻዊ

ultrason

መሸፈኒ ገጽ

yüz maskesi

ሕማም

hastalık

ክፍሊ ምጽባይ

bekleme odası

ምርኩስ

koltuk değneği

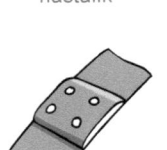

መጀነኒ ቍስሊ

yara bandı

መጀነኒ

bandaj

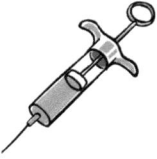

መርፍዕ ምውጋእ

enjeksiyon

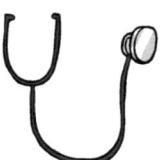

ስተቶስኮፕ

steteskop

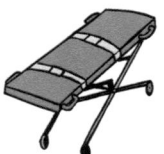

መሰከሚ ሕማም

sedye

ቴርሞመተር

tıbbi termometre

ትውልዲ

doğum

ልዕለ-ሚዛን

fazla kilo

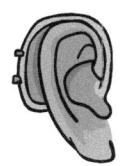

ሓገዝ ምስማዕ

işitme cihazı

ኣንጺሂ

dezenfektan

ልበዳ

enfeksiyon

ቫይረስ

virüs

ኤድስ

HIV / AIDS

ሕክምና

ilaç

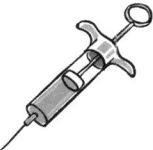

ክታብ

aşı

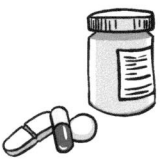

ከኒና

tablet

ከኒና

hap

ህጹጽ ምድዋል

acil çağrı

መዕቀኒ ጸቕጢ ደም

tansiyon aleti

ሕሙም / ጥዑይ

hasta / sağlıklı

ሓገዝ
İmdat!

ኣላርም
alarm

ምህጃም
darp

መጥቃዕቲ
saldırı

ድንገት
tehlike

ህጹጽ መውጽኢ.
acil çıkış

ሓዊ!
Yangın!

መጥፍኢ ሓዊ
yangın tüpü

ሓደጋ
kaza

ሳንጣ ቀዳማይ ረድኤት
ilk yardım çantası

SOS
imdat

ፖሊስ
polis

ኤውሮጳ

Avrupa

ሰሜን አመሪካ

Kuzey Amerika

ደቡብ አመሪካ

Güney amerika

አፍሪቃ

Afrika

ኤስያ

Asya

አውስትራልያ

Avustralya

አትላንቲክ

Atlantik

ፓሲፊክ

Pasifik

ህንዳዊ ዉቕያኖስ

Hint Okyanusu

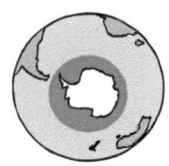

አንታርቲካዊ ዉቕያኖስ

Antarktika Okyanusu

አርክቲካዊ ዉቕያኖስ

Arktik Okyanusu

ሰሜናዊ ዋልታ

Kuzey Kutbu

ደቡባዊ ዋልታ

Güney Kutbu

አንታርቲካ

Antarktika

ምድሪ

dünya

መሬት

kara

ባሕሪ

deniz

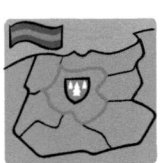

ደሴት

ada

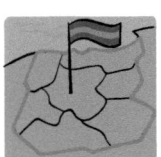

ሃገር

ulus

ዓዲ

ülke

ገጽ ሰዓት

kadran

አመልካቲ ሰዓታት

akrep

አመልካቲ ደቓይቕ

yelkovan

አመልካቲ ካልኢት

saniye ibresi

ሰዓት ክንደይ አሎ?

Saat kaç?

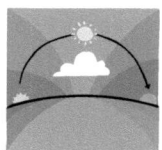

መዓልቲ

gün

ግዜ

zaman

ሕጂ

şimdi

ዲጊታል ሰዓት

dijital saat

ደቒቕ

dakika

ሰዓት

saat

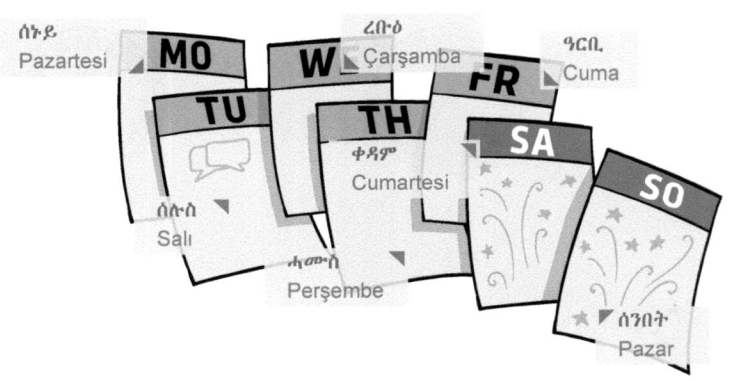

ሰኑይ
Pazartesi

ረቡዕ
Çarşamba

ዓርቢ
Cuma

ሰሉስ
Salı

ቀዳም
Cumartesi

ሓሙስ
Perşembe

ሰንበት
Pazar

ትማሊ
....
dün

ሎሚ
....
bugün

ጽባሕ
....
yarın

ንጉሆ
....
sabah

ቀትሪ
....
öğle

ምሸት
....
akşam

MO	TU	WE	TH	FR	SA	SU
1	2	3	4	5	6	7
8	9	10	11	12	13	14
15	16	17	18	19	20	21
22	23	24	25	26	27	28
29	30	31	1	2	3	4

መዓልታት ስራሕ
....
iş günleri

MO	TU	WE	TH	FR	SA	SU
1	2	3	4	5	6	7
8	9	10	11	12	13	14
15	16	17	18	19	20	21
22	23	24	25	26	27	28
29	30	31	1	2	3	4

መወዳእታ ሰሙን
....
hafta sonu

ዓመት

yıl

ዝናብ
yağmur
ቀስተ-ደመና
gökkuşağı
ንፋስ
rüzgar
በረድ
kara
ጽድያ
bahar
ሓጋይ
yaz
ቀውዒ
sonbahar
ክረምቲ
kış

4.APRIL 11°
5.APRIL 4°
6.APRIL 13°
7.APRIL 8°
8.APRIL 10°

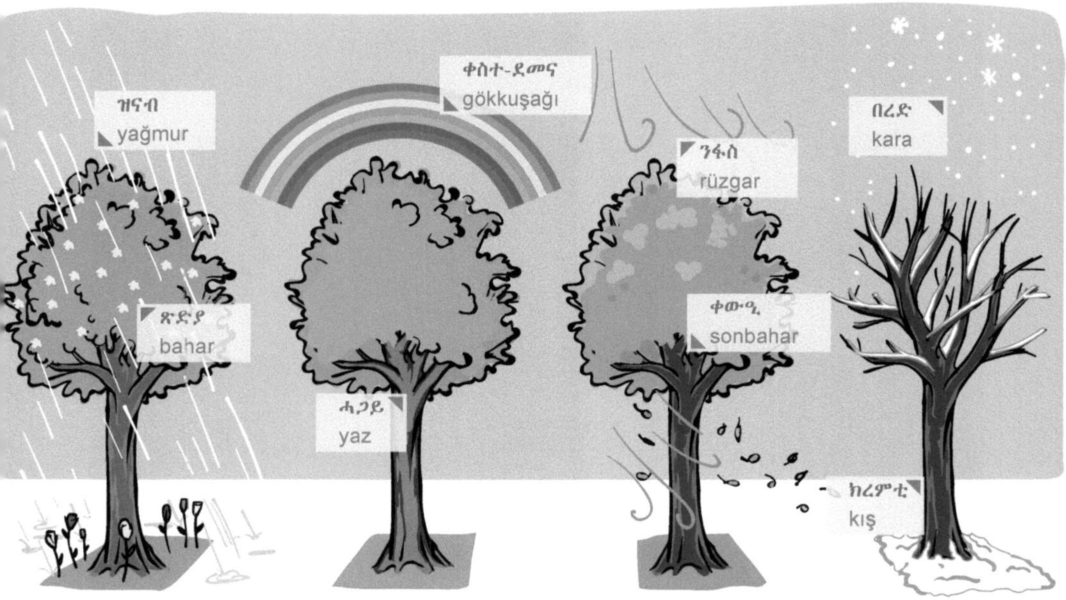

ትንቢት ኩነታት ኣየር

hava durumu tahmini

F C
120 40
30
90 20
60 10
30 0
0 -10
-30 -20

ቴርሞመተር

termometre

ብርሃን ጸሓይ

güneş ışığı

ደበና

bulut

ግመ

sis

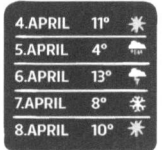

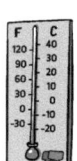

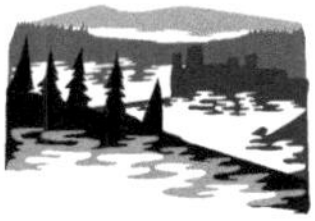

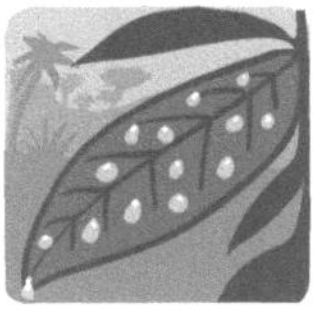

ጠሊ

nem

ብርቂ
....
şimşek

ነጕዳ
....
gök gürültüsü

ህቦብላ
....
fırtına

በረድ
....
dolu

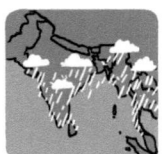

ብርቱዕ ህቦብላ
....
muson

ውሕጅ
....
sel

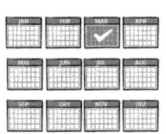

በረድ
....
buz

ጥሪ
....
Ocak

ለካቲት
....
Şubat

መጋቢት
....
Mart

ሚያዝያ
....
Nisan

ጕንበት
....
Mayıs

ሰነ
....
Haziran

ሓምለ
....
Temmuz

ነሓሰ
....
Ağustos

ዓመት - yıl

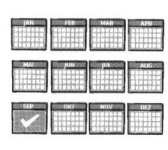

መስከረም
....
Eylül

ጥቅምቲ
....
Ekim

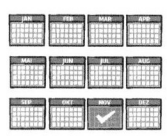

ሕዳር
....
Kasım

ታሕሳስ
....
Aralık

şekiller

ዙርያ
....
daire

ትርብዒት
....
kare

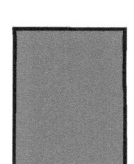

ቅኑዕ ርቡዕ ኩርናዕ
....
dikdörtgen

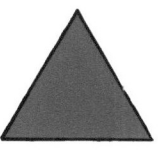

ስሉስ ኩርናዕ
....
üçgen

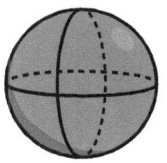

ክቢ
....
küre

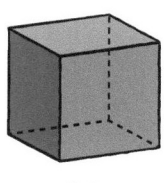

ኩቦ
....
küp

ጸዕዳ

beyaz

ብጫ

sarı

ኣራንሺ

turuncu

ፒንክ

pembe

ቀይሕ

kırmızı

ጁኽ

mor

ሰማያዊ

mavi

ቀጠልያ

yeşil

ቡናዊ

kahverengi

ሓሙኽሽታይ

gri

ጸሊም

siyah

ብዙሕ / ዉሑድ

çok / az

ሕሩቕ / ሰላማዊ

kızgın / sakin

ጽቡቕ / ክፉእ

güzel / çirkin

መጀመርያ / መወዳእታ

başlangıç / son

ዓቢ / ንእሽቶ

büyük / küçük

ብሩህ / ጸልማት

parlak / karanlık

ሓው / ሓፍት

erkek kardeş / kız kardeş

ጽሩይ / ርሳሕ

temiz / kirli

ምሉእ / ዘይምሉእ

tamam / eksik

መዓልቲ / ለይቲ

gün / gece

ሙዉት / ህልው

ölü / canlı

ሰፊሕ / ጸቢብ

geniş / dar

ደስ ዘበል / ደስ ዘይብል

yenilebilir / yenilemez

እኩይ / ህያዋይ

kötü / iyi

ርቡጽ / ስልኩይ

heyecanlı / sıkılmış

ረጊድ / ቀጢን

şişman / zayıf

ቀዳማይ / ናይ መወዳእታ

ilk / son

ዓርኪ / ጸላኢ

dost / düşman

ምሉእ / ባዶ

dolu / boş

ተሪር / ልስሉስ

sert / yumuşak

ከቢድ / ፈኵስ

ağır / hafif

ጥምየት / ጽምየት

açlık / susuzluk

ሕሙም / ጥዑይ

hasta / sağlıklı

ዘይሕጋዊ / ሕጋዊ

yasa dışı / yasal

መስተውዓሊ / ስዲ

zeki / aptal

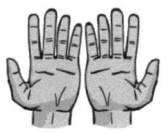

ጸጋም / የማን

sol / sağ

ቐረባ / ርሑቕ

yakın / uzak

ሓዲሽ / ብሉይ

yeni / kullanılmış

ዋላ ሓደ / ገለ

hiçbir şey / bir şey

ዓቢ/ኣረጊት / መንእሰይ

yaşlı / genç

ወልዕ / ኣጥፍእ

açma / kapama

ክፉት / ዕጹው

açık / kapalı

ህዱእ / ዓው

sessiz / gürültülü

ሃብታም / ድኻ

zengin / fakir

ቅኑዕ / ግጉይ

doğru / yanlış

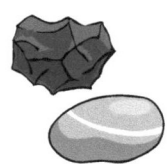

ሓርፋፍ / ልሙጽ

pürüzlü / düz

ጉሁይ / ሕጉስ

üzgün / mutlu

ሓጺር / ነዊሕ

kısa / uzun

ቀስ / ቅልጡፍ

yavaş / hızlı

ጥሉል / ንቑጽ

ıslak / kuru

ምዉቕ / ዝሑል

sıcak / serin

ውግእ / ሰላም

savaş / barış

0	**1**	**2**
ዜሮ	ሓደ	ክልተ
sıfır	bir	iki

3	**4**	**5**
ሰለስተ	ኣርባዕተ	ሓሙሽተ
üç	dört	beş

6	**7**	**8**
ሽዱሽተ	ሸውዓተ	ሸሞንተ
altı	yedi	sekiz

9	**10**	**11**
ትሽዓተ	ዓሰርተ	ዓሰርተ ሓደ
dokuz	on	on bir

12

ዓሰርተ ክልተ
on iki

13

ዓሰርተ ሰለስተ
on üç

14

ዓሰርተ ኣርባዕተ
on dört

15

ዓሰርተ ሓሙሽተ
on beş

16

ዓሰርተ ሽዱሽተ
on altı

17

ዓሰርተ ሽውዓተ
on yedi

18

ዓሰርተ ሽሞንተ
on sekiz

19

ዓሰርተ ትሽዓተ
on dokuz

20

ዕስራ
yirmi

100

ሚእቲ
yüz

1.000

ሽሕ
bin

1.000.000

ሚልዮን
milyon

እንግሊዝኛ

İngilizce

አመሪካዊ እንግሊዛዊ

Amerikan İngilizcesi

ቻይናዊ ማንዳሪን

Çince (Mandarin)

ሂንዳዊ

Hintçe

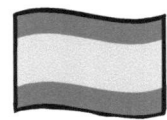

እስጳኛዊ

İspanyolca

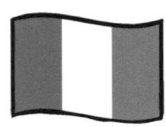

ፈረንሳዊ

Fransızca

ዓረባዊ

Arapça

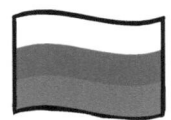

ሩሲያዊ

Rusça

ፖርቱጋላዊ

Portekizce

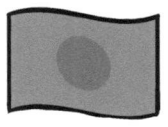

በንጋሊ

Bengalce

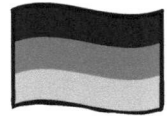

ጀርመናዊ

Almanca

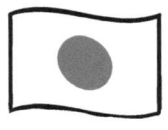

ጃፓናዊ

Japonca

አነ
ben

ንስኻ/ኺ.
sen

ንሱ / ንሳ / ንሱ
o

ንሕና
biz

ንስኻ
siz

ንሳቶም
onlar

መን?
kim?

እንታይ?
ne?

ከመይ?
nasıl?

አበይ?
nerede?

መዓስ?
ne zaman?

ሽም
isim

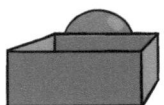

ድሕሪ

arkasında

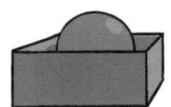

አብ

içinde

አብ ቅድሚ

önünde

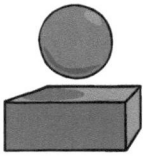

አብ ላዕሊ

üzerinde

አብ ልዕሊ

üstünde

ትሕቲ ምድሪ

altında

አብ ጥቓ

yanında

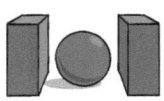

አብ መንጎ

arasında

በታ

yer